Relaciones Tántricas

Consejos para encontrar y mantener una relación llena de amor y romance

Catherine Auman, LMFT

Terapeuta Licenciada en Familia y Relaciones

Green Tara Press

Green Tara Press

Los Ángeles, CA

www.greentarapress.com

"Visualizar a tu amante como el Dios o la Diosa que realmente es" y "Qué queremos decir con relaciones espirituales" se publicaron previamente en el libro "Camino corto a la conciencia: 100 maneras de crecer personal y espiritualmente" de Catherine Auman.

© 2022 Catherine Auman
Derechos Reservados.

Auman, Catherine I.
Relaciones Tántricas: Consejos para encontrar y mantener una relación llena de amor y romance
1. Autoayuda 2. Citas 3. Espiritual

ISBN: 978-1-945085-44-4 Tapa blanda

ISBN: 978-1-945085-45-1 Libro electrónico

Foto del autor por Charity Burnett
Foto de Sobre el Autor por Stephanie Westfall
Arte de la portada por Katrina Pacheco
Diseño de portada e interior del libro por Lilly Penhall
Traducido al español por Denise Lèbre y revisado por Lori Celaya PhD

LOAS PARA CATHERINE AUMAN

"Para aquellos lectores, hombres y mujeres, que deseen enriquecer sus vidas amorosas, investigar y tomar en consideración los sabios consejos de Catherine podría ser la respuesta y el camino que están buscando".

— Osho Times, revista internacional en línea

"Durante muchos años se han escrito libros sobre cómo ser astuto, cauteloso o falso en el mundo de las citas siguiendo "las reglas". Gracias a Dios que Catherine Auman nos da una distinta y mejor explicación. Este es un libro para personas que quieren que la integridad, la autenticidad y la conexión genuina sucedan de verdad. Es un enfoque muy necesario que se siente nuevo y atemporal".

— Leonard Felder, PhD, autor de Pertenecer está Sobrevalorado

"Amo este libro. Gracias, Catherine Auman. Si no ha leído o no sabe nada sobre el enfoque tántrico de las citas, consulte este libro y considere asistir a uno de los talleres de Catherine, una forma realmente distinta de ver las cosas".

— Carina Eriksson, casamentera profesional

"El libro Citas Tántricas ofrece una claridad y una visión muy necesarias del mundo de la sexualidad sagrada y del controversial o a veces mal interpretado término "tantra". La autora es auténtica y enseña que el amor siempre está disponible y que cambiando nuestra percepción es la mejor manera para comenzar".

— Corey Folsom, Coach de Sexo y Relaciones

"Cuando se trata de aprender sobre citas, confiaría completamente en Catherine Auman y apreciaría su perspectiva".

— Vince Kelvin, Líder de Seminarios y Entrenador

CONTENIDO

Introducción 9

MENTALIDAD DE RELACIÓN TÁNTRICA . 15

Decir la verdad o no, esa es la cuestión 17

Permiso para ser desagradable 21

No muevas el barco, baby 25

El camino espiritual para relacionarse 29

Relacionándose a través del cuerpo 33

Acuerdos para hablar de todo. 37

El proceso de aclarar 41

Limpiando el pasado 45

Gracias por mencionar eso 49

Hasta que esté resuelto 53

Espacio para estar molesto 57

Elogio, agradecimiento y coqueteo 61

En caso de duda, recurre al tacto 65

Relacionarse románticament 69

El cielo es el límite 73

EJERCICIOS DE RELACIONES TÁNTRICAS. 77

EJERCICIO #1: Imaginar a tu amante como el Dios o la Diosa que realmente es 79

EJERCICIO #2: ¿Quieres decir la verdad? 83

EJERCICIO #3: Haciendo acuerdos 87

EJERCICIO #4: Limpieza profunda 89

EJERCICIO #5: Subiendo la barra 93

EJERCICIO #6: ¿Qué queremos decir con "relaciones espirituales"? 97

Reconocimientos 101

Trabajos citados 102

Sobre la autora 103

Conéctate con Catherine Auman 105

La serie maestra de Tantra.................. 107

Obras de Catherine Auman 109

INTRODUCCIÓN

Nos relacionamos de otra manera cuando el Otro es el Amado.

Comparando: En la cultura contemporánea, la otra persona es frecuentemente vista como el enemigo o alguien con quién competir o de quién estar celoso. El otro es alguien en quien no puedes confiar y con quien debes jugar hábilmente si quieres salir adelante. Has estudiado formas de mejorar la comunicación porque te interesa el crecimiento personal y espiritual, pero no has encontrado lo que hay disponible tan útil como esperabas porque, tanto en las citas y uniones convencionales, la premisa debajo de la visión convencional nunca funciona. Tantra ofrece el antídoto a toda este mal, una perspectiva radical sobre cómo relacionarse.

Con todo lo que se dice por ahí, parecería que deberíamos estar relacionándonos, pero nuestros resultados muestran lo contrario. Con más de la mitad de todas las relaciones dándose por terminadas, con naciones y tribus en guerra, y con el simple civismo hacia nuestros semejantes cayendo cuesta abajo, tal vez la forma en que nos relacionamos está contribuyendo a una crisis en la comunicación, en lugar de mejorar las cosas.

Siendo una persona que se toma en serio el crecimiento personal y espiritual, es posible que hayas experimentado estar en una relación como un gran desafío; lo es para la mayoría de las personas. Tal vez sentiste que estabas hablando demasiado o no lo suficiente, que necesitabas ocultar quién eres, sin poder compartir tus sueños y esperanzas, o tal vez que estabas siendo demasiado audaz o muy tímido. Toda esta confusión pudo manifestarse en tu vida romántica como secretos, mucho llanto, falta de confianza y, finalmente, la ruptura de la pareja. Seguiste leyendo libros de autoayuda y artículos en línea, pero las posibles relaciones no llegaron lejos.

Lo más probable es que hayas intentado ser una persona positiva y optimista, sin compartir cosas que a tu pareja tal vez no le gustasen. Incluso hasta intentabas leer su mente y pretendiste que todo iba bien. Guardando tus opiniones sin mostrar tu desacuerdo, y compartiéndolo solo con tu terapeuta e íntimos amigos. Aún así las peleas y los estallidos continuaron inexplicablemente.

Cómo terapeuta licenciada en matrimonio y familia que trabaja con individuos y parejas, he notado que las sugerencias convencionales para mejorar la comunicación no ayudan mucho. Escuchar activamente, lo cual aconsejan los terapeutas y entrenadores, se ha demostrado que no funciona (citado en Gottman, ver notas).

Programar momentos especiales para hablar, practicar ser positivo, escribir críticas - las mujeres hablando de manera diferente a los hombres - cuando nos acordamos de hacerlo, tal vez pueden ayudar, pero cuando nos olvidamos, las cosas empeoran; y son difíciles de recordar en medio de la furia. Estas técnicas convencionales, aunque bien intencionadas, no detienen el sangrado.

Fue la perspectiva tántrica la que cambió todo para mí, tanto en las citas como en mis relaciones. En el tantra, todo es perfecto en este momento, así que lo que es verdadero en el presente es bienvenido, aunque sea difícil. También la perspectiva tántrica de que quien está frente a ti en este momento es el Amado, te da la oportunidad de experimentar el amor o no, y que depende de ti, no de la otra persona.

No entendía hasta qué punto las ideas convencionales sobre relacionarse tenían un efecto negativo en mis relaciones hasta que conocí a mi amado perfecto, ahora esposo, Greg Lawrence. Greg había experimentado la devastación de las relaciones convencionales con sus parejas anteriores y ansiaba algo diferente esta vez. Juntos, descubrimos lo que queríamos para nuestra relación, y ha funcionado tan bien que podemos decir honestamente que nuestra relación está a años luz de lo que jamás nos hubiéramos imaginado.

No creo que nadie tenga en su lista de objetivos para una relación, el sentarse y cocinarse en silencio, o tener esas insoportables y largas conversaciones acusatorias que no van a ninguna parte. Todos anhelamos a alguien con quien podamos hablar libremente y hacer que nuestras ideas y entusiasmos sean bien recibidos. Anhelamos vivir en una atmósfera de total confianza y seguridad, y deleitarnos en una frecuencia de amor y apoyo. ¿Y qué tal el mundo de la comunicación no verbal? En el tantra nos preocupamos por el cuerpo, así que eso también debe abordarse.

Este libro, Relaciones tántricas, trata sobre cómo puedes comunicarte tanto verbal como no verbalmente para mantener encendido el fuego del amor y encontrar y mantener el sexo, el amor y el romance de tus sueños. En Citas Tántricas se explican los secretos de por qué no has encontrado el amor y cómo encontrarlo. En Parejas Tántricas se ilumina como estar en pareja y crear una relación de alma gemela perfecta. En este libro, aprenderás cómo hacer acuerdos sobre compartir la verdad, cómo saber cuándo se resuelve un problema, cómo y por qué eliminar todos los resentimientos, cómo elogiar, agradecer y coquetear, y por qué "En caso de duda, hay que tocar."

Las enseñanzas de este libro pueden cambiar todas tus relaciones, no solo la que encuentres con tu Amado. Sí, puedes usar estos principios para crear la historia de amor de tus sueños. Pero después de eso, o mientras sucede, únete a nosotros para aplicarlos ampliamente y ayudar al mundo a florecer en un oasis de amor.

MENTALIDAD DE RELACIÓN TÁNTRICA

Decir la verdad o no, esa es la cuestión

Nos enseñan desde temprana edad a no decir nuestra verdad. Podemos meteremos en problemas si lo hacemos, o podemos ser azotados, avergonzados o aislados. Aprendemos a sentarnos en silencio y comportarnos. Por supuesto, es bueno no dejar que los niños corran gritando en los restaurantes o que le digan al tío Joe que huele raro, así que parte de esta formación de personalidades es aprender a convivir con otras personas. Sin embargo, el lavado de cerebro ha comenzado: no es seguro decir la verdad.

Las niñas son entrenadas socialmente para no ofrecer nuestras opiniones en clase, para no parecer demasiado inteligentes y para actuar siempre de manera agradable. A los niños se les lava el cerebro para que no sientan o expresen sentimientos, incluso no deben llorar, para que parezca que no les importa un carajo. Por supuesto, si no te identificas estrictamente como hombre o mujer, estas perdido. Se espera que las personas de color adopten la cosmovisión dominante sin quejarse, y las personas mayores, bueno, las personas mayores deberían simplemente callarse y desaparecer.

En el lugar de trabajo, aunque muchos jefes afirman que quieren un ambiente abierto donde los empleados puedan hablar libremente, solo los más ingenuos les tomarían la palabra. El mercado de citas moderno está plagado de consejos de "expertos" sobre cómo enredar las palabras para manipular a otros para que nos deseen. La mayoría de nosotros no tenemos idea de cuánto nos han hipnotizado para aceptar la versión convencional de nosotros mismos como nosotros mismos, o cómo encontrar o ubicar nuestra verdad personal.

Es bueno que aprendamos a conformarnos y a no compartir demasiado de nosotros mismos en el ámbito social y laboral. Si queremos tener éxito, estas son habilidades necesarias. Sin embargo, en las relaciones íntimas ocurre lo contrario. El problema es que las personas entablan relaciones amorosas sin comprender que al decir su propia verdad y estar abiertos a la verdad de su(s) pareja(s) es lo que realmente crea intimidad y conexión.

Con todo este entrenamiento para NO decir la verdad sobre nosotros mismos, ¿cómo se supone que de repente podamos SER nosotros mismos en las relaciones?

Sonando debajo de toda esta socialización y programación de cómo tener éxito en el mundo, esta el latido del corazón del tantra. Tantra nos enseña que todo es perfecto en el momento presente; por lo tanto, cualquiera que sea tu verdad personal o la de tu pareja es parte de esa perfección, incluso si crea dificultad. Querrías expresar tu verdad y querrías que tu pareja expresara su verdad. En el tantra, todo es divino, por lo que cada sentimiento que tienes y compartes con tu pareja también sería divino.

Cuando entras en una relación inspirada en los principios tántricos, tú y tu pareja se sentirán alentados a compartir su verdad completa y honesta entre sí. Verás: es ideal para el sexo y la intimidad.

Permiso para ser cruel

Todos decimos cosas que desearíamos no haber dicho. Tal vez fuiste un poco brusco o no tan cariñoso como te hubiera gustado serlo. Tal vez te des cuenta de que has sido sarcástico o cortante. A veces no te das cuenta de tu parte hasta más tarde cuando te preguntas ¿cómo comenzó esa pelea? Las relaciones a menudo no se dan como uno espera debido a nuestras debilidades humanas, por lo que cuando sucede con una persona cercana, es bueno verificar y preguntarnos: "¿Es eso algo que le diría a mi jefe, compañero de trabajo o amigo?" Si no es así, es importante admitir que te diste permiso para ser desagradable.

Normalmente, esto ocurre cuando alguien responde: "Bueno, no pude evitarlo", o "Estaba muy estresado" o "La otra persona estaba siendo un (tal por cual) @%#&". El hecho es que casi todo el mundo tiene la capacidad de no hacer comentarios fuera de lugar a las personas con autoridad. Tendrías cuidado de nunca hablar groseramente con tu jefe, por ejemplo. Te editas para la policía y en situaciones sociales, por lo que esta idea de que "no pude evitarlo" realmente no tiene peso.

Tomar conciencia y superar "el darnos permiso para ser desagradables" es un trabajo interno. No se trata de la otra persona, ni si lo que haya dicho o hecho sea irritante o presione tus botones. Se trata de si quieres ser lo suficientemente maduro para no ser una persona que se dé permiso para decir cosas desagradables. Tomas una decisión interna para elevar tus propios estándares de comportamiento. Asumes la responsabilidad para que estas declaraciones ofensivas no se peguen y tengan un efecto permanente en tu relación, y así evitar que la otra persona acabe lastimada por tu actitud.

Hay ciertas cosas que solo surgen en una relación íntima. Puede que hayas estado trabajando diligentemente en ti mismo, pero tan pronto como entras en una relación, boom, tu niño interior abandonado sale a la luz. A veces, debido a nuestro pasado sin resolver, es posible que tengamos ganas de dejarnos llevar y actuar como un niño de dos años. Esto puede ser un desafío, especialmente si creciste en un hogar a veces desagradable, pero vale la pena el esfuerzo de cambiar porque te conviertes en una persona que nunca habla hirientemente.

Existe el hecho adicional de que cuando te dejas llevar y dices cosas desconsideradas, sigue una terrible autoestima, y en cierto modo eso esta bien ya que ¿por qué deberíamos sentirnos bien por un comportamiento menos que amoroso? Es hora de recordarte a ti mismo que, incluso si no eres perfecto, estás trabajando fervientemente para volverte tan amable y compasivo como aspiras ser. Este tipo de trabajo personal es ventajoso para ti, tu pareja, tu relación y la comunidad en general. El mundo entero se beneficia de personas amables y en evolución y de parejas felices.

No muevas el barco, baby

"Rock the Boat" fue el nombre de una canción Disco que se convirtió en un éxito mundial en los años 70. El contagioso coro repetía: "Rock the boat, don't rock the boat, baby", una y otra vez. Se dice que cada minuto del día suena esta canción en algún lugar del mundo. El tío de un amigo mío la escribió y, aparentemente, vivió toda su vida con las regalías de esa canción.

Una canción divertida pero quizás no el mejor consejo sobre relaciones. Otro problema que puede hundir el barco de las relaciones es que "No muevas el barco" es una estrategia que muchas parejas usan cuando intentan navegar en su relación: ¡No hables de ese tema difícil porque creará más problemas! Se supone que no debes sacar a flote cosas así. No muevas el barco porque harás infeliz a tu pareja. Sonríes, dices que nada está mal cuando obviamente lo está y te resistes a hablar de lo que te está molestando.

Puede que tengas las mejores intenciones, pero toda esa comunicación tácita comienza a acumularse y crea congestión en alta mar. Los problemas no desaparecen; de hecho, se multiplican porque nada se resuelve. Aparece en el dormitorio como "No estoy de humor". Sí, es difícil sacar el tema de que nuestra vida sexual se ha vuelto obsoleta, pero ¿crees que tu pareja no se ha dado cuenta?

Si tú y tu pareja discuten mucho o no usan un lenguaje cariñoso, ¿no crees que ambos son infelices? Sí, hay muchas cosas que al mencionarlas harán que tu pareja se sienta incómoda, pero eso es parte de crecer tanto individualmente como en pareja.

Una metáfora de uso común es que cada persona en una relación lleva en la espalda una mochila, y todo lo que no se discute es una roca que se va almacenando allí. Poco a poco, a medida que se van agregando rocas con cada tema no discutido, la carga se vuelve más y más pesada hasta que un día, uno de los dos arroja el contenido de su mochila sobre la mesa y se desata el infierno.

Las relaciones jugosas y vivas requieren que su barco se balancee. A menos que quieras terminar como una de esas parejas sentadas en restaurantes sin mirarse y sin hablar, aburridas de la vida, necesitarás compartir lo que está pasando contigo, y ser completamente honesto. La honestidad a veces crea dificultades. Parte de la relación tántrica es hacer acuerdos con tu pareja de que vas a mover el barco. Cualquier cosa de la que no se hable eventualmente causará agujeros en tu barco y no podrás gozar del sexo rico y jugoso, el amor y el romance que tu alma anhela.

El camino espiritual de relacionarse

Si te dieras cuenta de que la persona sentada frente a ti es el amor de tu vida, ¿cómo lo tratarías? Sospecho que sería con amabilidad y amor. Te concentrarías en sus fortalezas y puntos buenos e ignorarías lo que percibes como menos. (Después de todo, así es como tratamos a nuestros amigos, ¿no?) Hablarías con cuidado y ternura y atenderías su bien estar. Te sentirías agradecido de que el amor haya llegado a tu vida y contarías tus bendiciones. Y tal vez, solo tal vez, tendrías consciencia de la chispa divina en el centro del ser de esa otra persona, que arde silenciosamente, tal como la que hay dentro de ti.

Pero tu mente dice que esta persona no es tan perfecta como para ser tu pareja ideal. Esta persona… - llena el espacio en blanco - no es lo suficientemente guapa, ha subido de peso, es demasiado desordenada o es muy tedioso, no tiene sexo con tanta o con tan poca frecuencia como quisieras y cuando lo hace no es en la forma que esperas. Si observas detenidamente, notarás que tu mente quiere detallar cada cosa "incorrecta" sobre esta persona como una explicación de por qué no es tu amado perfecto. A la mente no le gusta la idea de que alguien que no sea una figura de fantasía sea el Amado, por lo que rechaza al ser humano real y cierra tu corazón.

La cultura convencional te ha enseñado que el amor existe en algún momento en el futuro cuando conozcas y te involucres con una persona perfecta, o que el amor solo se debe dar a ciertas personas que se ven y actúan de cierta manera. En el tantra, aprendemos que si no podemos relacionarnos con la persona que tenemos delante con amor y conciencia, tampoco estaremos disponibles para el amor con nuestra pareja romántica.

Al principio de mi trabajo con uno de mis mentores, me dijo que él se relaciona con una persona sin hogar en un banca de la misma manera que trata a una modelo. La mayoría de nosotros trataría a una de esas personas sin respeto y a la otra con adulación y servilismo. En ese momento, la casi santidad de mi mentor en relación con otros seres se hizo evidente para mí, y desde entonces he aspirado a ese nivel de respeto y relación tántrica.

¿Un ideal quizás difícil de alcanzar en la práctica? Sí, pero vale la pena intentarlo mientras nos convertimos en amantes perfectos. Cuando practicamos relacionarnos con todos como si fueran una emanación de lo divino, nos hacemos hábiles en el arte de relacionarnos con nuestra pareja. Tantra se trata de ver el sexo, el amor y el romance como parte del camino espiritual, y cada persona con la que nos encontramos es una oportunidad para practicar.

El primer paso en relaciones tántricas es que todas tus relaciones con los demás se convierten en un elemento esencial de tu camino espiritual, una de las principales avenidas para expresar nuestro amor en el mundo. Todos los pequeños momentos en que interactúas con otro son oportunidades para practicar convertirte en una persona más amorosa. Cada encuentro con otro es un encuentro con lo divino.

Puedes comenzar a relacionarte de la manera tántrica hoy mismo si puedes ver a quién sea con quien estés en este momento como un ser divino, y depende de ti reconocerlo. Relaciónate con todos como si fueran alguien a quien amas, pero no en el sentido romántico, sino en el espíritu de camaradería como hermanos y hermanas espirituales que se ayudan mutuamente a crecer. Cuanto más practiques con todas las personas que conoces, más se abrirá tu corazón y se acostumbrará a compartir amor en cada momento.

Relacionarse a través del cuerpo

Tantra tiene todo que ver con estar en el cuerpo. La cultura convencional insiste en que vivamos en nuestras cabezas: pensando, analizando, juzgando. A la mayoría de nosotros ni siquiera nos gusta mucho nuestro cuerpo. La publicidad y las redes sociales nos han enseñado continuamente que nuestros cuerpos no tienen la forma correcta y que debemos aspirar a ser diferentes. Nuestros cuerpos pueden tener recuerdos de traumas pasados que nos gustaría olvidar. Nos hemos vuelto más cómodos viendo la vida a travez de nuestros ojos y cerebro, en lugar de participar en la vida real que a menudo puede ser desordenada.

La mayoría de nosotros no tenemos idea de qué no estamos EN nuestros cuerpos. No fue hasta que viví en el ashram de tantra que aprendí qué podía ser diferente. Siempre supuse que estaba en mi cuerpo porque era bailarina, hacía yoga y comía sano, pero en el ashram 7aprendí que estas eran cosas que hacía con mi cuerpo. No es que haya nada de malo en tratar de estar saludable y en forma, pero nunca le había preguntado a mi cuerpo si estas eran prácticas que quería o disfrutaba. Le había estado imponiendo disciplinas, algunas de ellas a la larga resultaron ser poco saludables.

Cuando nos relacionamos de una forma tántrica, reconocemos que vivimos en nuestros cuerpos. No las imágenes en línea perfectas y retocadas, sino cuerpos reales y vivos, que respiran, que son conscientes. Cuerpos que no siempre huelen bien o pueden hacer lo que quisiéramos. Cuando tu cuerpo practica ejercicios de presencia y percatación de conciencia, te vuelves atento al hecho de que tu yo físico nunca deja de comunicarse. El cuerpo está compartiendo tu vitalidad, tu entusiasmo o tu falta de sueño. Comunica su delicioso deseo, o miedo o bloqueos. Te vuelves dispuesto a aprender de su sabiduría.

La relación tántrica es a través de las yemas de los dedos, la respiración, los sonidos y el alma. Los psicólogos dicen que solo el 7 por ciento de la comunicación es verbal. Si vives en tu cabeza, te pierdes la mayor parte de lo que se está relatando. ¿Qué dice tu cuerpo? ¿Qué significa una mano en el hombro o un beso en la frente? ¿Los brazos cruzados protegiendo el corazón? ¿Qué le comunicas acerca del respeto a la otra persona cuando pides permiso antes de dar un abrazo?

Nuestros cuerpos anhelan ser tocados. Incluso pueden sentirse hambrientos de tacto, no hay vergüenza allí, muchas personas, si no a la mayoría, les pasa. A menudo, acercarse y compartir el tacto dice mucho más que las palabras. Cuando estés presente y te relaciones a través de lo físico, sin avergonzarte de tu cuerpo, y te sientas cómodo expresando afecto físico, tu vibra será de amor.

Las relaciones tántricas claras y abiertas mejorarán cuando eliminemos la vergüenza sobre nuestros cuerpos, el abuso del pasado, los miedos a ser tocados, amados, y de tener intimidad. Miedos de amar demasiado, o a que la otra persona nos deje o se ría de nosotros, a que nuestro amor no sea correspondido. Cuando hayas trabajado en superar estos miedos, podrás tocar sin vergüenza, miedo, o preocupación por tu sexualidad.

Si aprendes a relacionarte con tu propio cuerpo, estarás abierto y listo para comunicarte con el cuerpo de tu amante. Los cuerpos por sí solos, cuando están limpios del mitote mental y de resentimientos, quieren hacer el amor y no quieren parar. Una persona que ha curado su cuerpo se encuentra con otra persona con el cuerpo curado: este es uno de los elementos que contribuye a que el sexo tántrico sea tan bueno como has oído que es.

Acuerdos para hablar de todo

Una de las razones por las que elegimos relacionarnos de manera diferente en una relación tántrica es porque queremos mantener clara la energía entre nosotros. Solo así podremos tener un hermoso sexo tántrico, porque solo así podremos existir en un clima dichoso libre de resentimientos, ira y peleas. Si estás molesto con tu pareja, infeliz con ella o enojado, serás infeliz en tu vida y tu forma de hacer el amor, si es que lo haces, será por lo menos insatisfactoria.

Llegar a un acuerdo para hablar de todo crea un ambiente seguro, fortaleciendo el clima de confianza en tu relación para que nunca tengas que preocuparte de que tu pareja te esté ocultando algo. Aceptar hablar de todo significa que sabes que puedes decir lo que piensas y que la otra persona no se asustará, ni te va a acusar de engaños o te insultará.

En relaciones anteriores, probablemente había muchas cosas de las que no podías hablar. Por ejemplo, no sabías con certeza cómo se sentía tu pareja, pero no te atrevías a preguntar, o simplemente respondía "bien" cuando sabías que no lo estaba. Tenías el presentimiento de que no estaban contentos, pero no hablarían de eso, así que no estabas seguro. Sospechaste que estaban coqueteando con otras personas en las redes sociales; tal vez resultó ser cierto. Pero no pudiste mencionar estas cosas, porque parecía mejor evitar mover el barco.

En una relación en la que se ha llegado a un acuerdo para hablar de todo, ya tendrías permiso para preguntar: "Oye, ¿cómo te sientes?". o "¿No estas feliz con nuestra relación como solías estar? ¿Que te gustaría que cambiáramos?". Y tu pareja se sentiría libre de responder: "Sí, me gustaría más afecto físico. Parece que solíamos tener mucho mas antes, y lo extraño". Cualquiera que sea la verdad, puedes hablar de ella. Los problemas están a la vista y no tienen qué ocultarse, golpeándote desprevenido cuando salen a la luz.

Vi a un paciente el otro día que estaba tratando de expresar lo que quería hacer durante las vacaciones, y su pareja lo llamó pretensioso por su deseo de pasar la noche en un resort caro. Ser menospreciado de esa manera obviamente no ayuda a que la conversación avance. Estos insultos hicieron que no fuera seguro para él, mencionar sus necesidades y deseos por temor a ser ridiculizado.

Tener un acuerdo para hablar de todo también significa que las conversaciones a veces pueden volverse difíciles. En el tantra, dado que el mundo entero se considera sagrado, todas las emociones también son sagradas. No hay nada que no lo sea, por lo que agradeceríamos los sentimientos difíciles, las discusiones, los malentendidos, todos como parte de nuestro crecimiento personal y espiritual. Vivir con un acuerdo para hablar de todo valdría la pena cualquier desafío debido a la gran libertad que se crea, la libertad de aportar todo tu ser a la relación para que puedas ser verdaderamente amado tal como eres.

Por lo tanto, uno de los pasos fundamentales en las relaciones tántricas es tener una conversación con tu pareja sobre si quieres o no llegar a tal acuerdo. ¿Cuánta verdad quieres compartir? ¿Con cuánta libertad quieren vivir tú y tu pareja? ¿Estás dispuesto a escuchar su verdad? Hagan juntos su versión del acuerdo; incluso atreverse a tener la discusión hará que su relación evolucione a una nueva profundidad.

El proceso de aclarar

Todo lo que no hayan hablado aparecerá en el dormitorio. Es probable que aparezca como "No tengo ganas" o "No estoy de humor" o te preguntas por qué han pasado tres meses desde que ustedes dos hicieron el amor. Cuando guardas rencor, incluso si es por algo pequeño y supuestamente insignificante, no tendrás ganas de estar en la intimidad. ¿Y quién puede culparte?

Por eso es importante, si quieres tener una gran relación y una gran vida sexual, llegar a un acuerdo no solo para hablar de todo, sino también para aclarar las cosas tan pronto como sepas que hay un problema. ¿Qué significa eso? Aquí hay un ejemplo:

Están dando un paseo matutino juntos y notan que se sienten un poco incómodos. En lugar de ignorarlo, miras hacia adentro y evalúas que estás ansioso porque tu pareja dijo algo brusco en el desayuno y desde entonces te sientes un poco molesto. Entonces, con el permiso para mencionar las cosas, preguntarías: "¿Puedo mencionar algo?"

(Siempre es una buena idea asegurarse de que este sea un buen momento para no acecharlos). "Aún no estoy a gusto con el desacuerdo que tuvimos esta mañana. Sentí que me hablaste de una manera dura que no estaba justificada. ¿Sientes que estoy exagerando?

Y tu pareja podría responder: "Oh, no, lo siento. Estaba cansado y, supongo, gruñón. Estaba pensando en algo que leí en las noticias que me provocó, así que no, no estoy molesto contigo. Gracias por preguntar."

Justo ahí, no te irás a casa preocupado de que esté molesto contigo o de que hayas dicho algo estúpido. Ya sabes cómo la mente puede seguir dándole vueltas, tal vez lo que dijiste arruinó las cosas. La mente de mono puede crear todo tipo de escenarios para torturarnos si no nos detenemos en el momento y verificamos las cosas con la otra persona.

Es posible que hayas tenido relaciones anteriores en las que la cosa más pequeña desencadenaría la Tercera Guerra Mundial. Si no se mencionas los problemas, los pequeños destellos de resentimiento se expanden y multiplican y, antes de darte cuenta, alguien deja la puerta del refrigerador abierta y hay una gran explosión que no tiene nada que ver con el refrigerador: se trata de todos los pequeños problemas que se van acumulando con el tiempo. Por lo tanto, si no deseas ese tipo de relación, sera mejor empezar a mencionar las cosas, porque no deseas acarrear malentendidos, afectando tu estado de ánimo, tu nivel de motivación, falta de consuelo emocional, o si te sientes seguro o no en tu relación.

En primer lugar, deben acordar traer las cosas a relucir para que se aclaren. En segundo lugar, discutir cuanto antes, aunque más vale tarde que nunca. Por último, hablen sobre lo que sea que esta pasando entre ustedes hasta que ambos se sientan satisfechos. Cuando aclaras las cosas en el momento, reaparece el amor perfecto. Has regresado a ese hermoso río de energía que te conecta. Ese es siempre el objetivo, volver a esa corriente pura de amor, que fluye como el agua.

Limpiando el pasado

Las relaciones de muchas parejas están atrapadas en capas de resentimiento. Los amantes aún no terminan la discusión o siguen enojados por cosas que sucedieron hace un año, hace cinco años, tal vez incluso veinte, dependiendo del tiempo de la relación. Cuando una pareja tiene problemas y ya no hace el amor, por lo general hay que excavar mucho en el pasado para continuar juntos en el momento presente.

Las tradiciones espirituales tienen una larga historia de métodos para que un individuo limpie su pasado. Por ejemplo, en el chamanismo tolteca, hay un proceso en el que haces una lista de todos los incidentes que han ocurrido en tu vida y luego los aclaras y limpias. Los programas de doce pasos incluyen el Cuarto Paso en el que haces una lista de todas las personas por las que has sentido resentimiento en tu vida, asumes la responsabilidad de tu parte en el hecho y luego lo liberas compartiéndolo con un asesor de confianza. En otra tradición, el proceso se llama limpieza, en el que se regresa al pasado que todavía tiene "carga". Los resultados de este proceso de limpieza se leen en un medidor para verificar si su problema se ha clarificado o no. La psicoterapia intenta eliminar los incidentes traumáticos del pasado que todavía causan angustia.

¿Qué significa esto de limpiar el pasado hasta que ya no tenga influencia sobre ti? Significa: que si tu cuerpo aún responde al recuerdo del evento, no se ha solucionado ¿Aún te hace llorar, se te acorta la respiración, sientes presión en el corazón o te dan náuseas? Todos estos son indicios de que el problema no se ha solucionado. Entonces debes continuar tu trabajo sobre ti mismo como individuo, procesar estos recuerdos hasta que no haya más molestias por nada de tu pasado. Cualquier cosa que no esté clara, cualquier cosa de la que todavía tengas miedo o vergüenza, cualquier cosa por la que no te hayas perdonado o te sientas triste, se manifestará no solo como no tener la mejor vida posible, sino también como desafíos en tus relaciones.

Para las parejas, esto significa volver atrás y borrar todos los recuerdos de disgusto, lo que puede ser un proceso largo. Cada incidente del pasado que no se haya aclarado aparecerá como una dificultad en el momento presente. Si todavía hay resentimientos, aparecerá en el dormitorio.

Es una excavación arqueológica, sacar de raíz estas cosas, hablar de ellas hasta que ninguno de los dos esté molesto por ellas y se hayan perdonado. Tal vez puedan beneficiarse de la asistencia de un terapeuta o entrenador.

Es posible borrar completamente el pasado si se trabaja en ello. Si continúas con el proceso durante largo tiempo, se produce un cambio metafísico. Una claridad, una frescura, una afluencia de energía que reemplaza todo lo que antes oscurecía el panorama. Es algo fenomenal. Está al alcance de ustedes como pareja completar esto. Luego, a medida que continúan limpiando diariamente, ya no hay lugar para que se acumule nada. Estar en ese espacio despejado con tu Amado vale todo el esfuerzo que tomó llegar hasta allí.

Gracias por mencionar eso

Si piensan llegar a un acuerdo para sacar todo a relucir, lo más probable es que tanto tú como tu pareja necesiten cultivar una actitud diferente a la que tienen ahora. Al hacer esta práctica, seguramente aprenderás cosas sobre ti que son difíciles de escuchar. Estabas pensando que estabas siendo genial, pero al escuchar el punto de vista de tu pareja, debes admitir que sí, en realidad, estabas de mal humor y siendo un poco desagradable. Esto viene como un golpe al ego. No están tan juntos como pensaban, pero... ¿no es ese el punto? ¿Para dejar de reaccionar con mal humor y desquitarse con los demás? A menudo duele cuando se saca a relucir la verdad, a veces es un pinchazo; otras veces atraviesa el corazón.

Decir "Gracias por mencionar eso" cuando nuestra pareja comparte su verdad, especialmente cuando es difícil de escuchar, es una práctica que evitará la interferencia del ego. En esa frase, no solo te estás reforzando a ti mismo que quieres escuchar las cosas, incluso si son difíciles, para que puedas crecer, sino que también reconoces el riesgo de tu pareja al compartir su verdad, y le agradeces que lo haga ahora y en el futuro.

"Gracias por mencionar eso", a veces dolerá decirlo o escucharlo; tal vez durante un conflicto te ofendas y tu ego no se sienta particularmente agradecido. En ese momento, si le agradeces a tu pareja por mencionarte las cosas en lugar de ocultarlas, te sentirás mejor. A veces tienes que empujarte para sobrepasar ese estado, cuando sientes algún resentimiento. Recuerda que tienes un compromiso con tu crecimiento personal y espiritual.

La relación tántrica crece a través de este proceso. Cuando alguien mencione algo que hiciste, debes estar dispuesto a examinar tu parte en ello, ya que puede ser un indicador para madurar y encontrar en lo que debes cambiar. Es posible que de repente veas toda una vida de condicionamiento, algo que has estado haciendo durante veinte o treinta años: si no es la forma en la que quieres ser, no deberías hacerlo más.

Este proceso limpia la energía del centro de la garganta, que está obstruido por todas las cosas que nunca dijimos, todas las cosas que no sentíamos que era seguro decir. Cuando tienes una relación tántrica, se habla con la verdad y haces que se reciba tu verdad, se habla de todo, entonces todo lo que tienen que decirse crea seguridad en su relación.

Hacer acuerdos y agradecer a la otra persona por honrarlos mantiene la frecuencia entre ustedes clara y vitalmente viva. Si, en cambio, te avergüenzas al pensar en lo que podrían decir, o esperas que no se mencionen ciertas cosas, nunca llegarás al espacio de claridad pura y vibrante. Pruébalo y estarás de acuerdo: es la vía rápida para relacionarse.

Hasta que esté resuelto

Has hecho acuerdos para hablar de las cosas cuando sucedan, o al menos lo antes posible. Sabes que al dejar que los malentendidos se acumulen, corres el riesgo de que se conviertan en algo completamente diferente. Sin embargo, a menudo, en tu afán por ser feliz, aceptarás prematuramente que se ha hablado por completo de un tema. Asientes con la cabeza, dices que todo está bien y sigues tu camino como si nada. Excepto que más tarde en el día te encuentras malhumorado, o no te sientes de humor para hacer el amor, o te encuentras fastidiado. Esa es una señal de que no has terminado con todo lo que había que decirse. A veces, hablar de las cosas hasta completar puede llevar un tiempo.

Al principio, tuve una experiencia en la que algo que dijo Greg me provocó y me di cuenta de que todavía tenía asuntos pendientes de un año atrás. Me sentí un poco a la defensiva al mencionar un problema después de que había pasado tanto tiempo, pero como tenemos un acuerdo para hablar de todo hasta que esté terminado, eso es lo que hicimos. Fueron necesarias varias conversaciones para que ambos nos sintiéramos completamente claros, y cuando realmente lo hicimos, fue como ver el sol después de una sombría penumbra matutina.

En este ejemplo, si nos hubieran preguntado, ambos habríamos dicho que el incidente estaba resuelto, pero cuando miré profundamente, pude ver que todavía tenía carga que necesitaba ser limpiada. Si no se hace por uno, no se hace por ninguno. No pueden estar en la misma frecuencia si uno de los dos se aferra a algo, sin importar cuán minúsculo o lejano sea el incidente.

Es posible que descubras que tú y/o tu pareja se apresuran a querer declarar algo resuelto, porque es incómodo no hacerlo y quieres seguir adelante. Eso es comprensible. Esto también se conoce cómo "barrer las cosas debajo de la alfombra" o "no hacer olas". Y cuando anuncias prematuramente algo completo, queda una sensación apenas perceptible de que algo no está del todo bien, lo que se manifiesta como una sensación de distanciamiento de tu pareja y consecuentemente disminuye el deseo de ambos de intimidad.

A veces tienes que recordarle a tu pareja: "¿Recuerdas que tenemos un acuerdo para hablar de todo hasta que esté resuelto? Hay algo que quiero sacar. ¿Es este un buen momento?" No siempre va a ser bonito. Es posible que ninguno de los dos quiera entrar en un debate o están de humor para sacar a la luz viejos recuerdos dolorosos; esto puede convertirse en algo desencadenante. Tu pareja podría responder: "¿En serio? ¿Tienes que mencionar esto ahora? ¿Qué no habíamos terminado con eso?

Si se concentran en el resultado, con la clara energía que fluye libremente entre ustedes, estarás dispuesto a hacer el trabajo para mejorar las cosas. El acuerdo es que continuarán hasta que cada persona termine y realmente este resuelto.

Para asegurarte de que realmente has terminado, otra cosa que puedes hacer para hacer espacio para la otra persona es preguntando: "¿Qué más? ¿Estás seguro, o hay algo más? Se siente como si no hubieras terminado del todo". Y así, te abres a recibir la verdad de tu pareja, aunque duela.

¿Cómo sabrás que está resuelto? Porque estás haciendo el amor maravillosamente. No hay secuelas, ambos son libres de hablar de lo que sea; Te estás divirtiendo, es así como sabes que la comunicación es clara. Si no es así, algo está obstruyendo las tuberías y depende de ti desbloquear la línea. La curva de aprendizaje puede ser empinada, pero una vez que aprendas a sentir la energía y despejes cualquier cosa que se interponga entre ustedes, te encantará la sensación.

Después de eso, llega con facilidad y se convierte en la única forma de vivir, con total claridad y en el momento presente. La relación tántrica es cuando los dos son completamente libres y abiertos, sin asuntos pendientes entre ustedes.

Espacio para estar molesto

La relación tántrica nos enseña a darle a otra persona espacio para estar molesto. Las mujeres especialmente han sido socializadas para ser tan co-dependientes que nos precipitamos y tratamos de arreglar los sentimientos de nuestra pareja antes de que hayan tenido la oportunidad de sentirlos. La infelicidad de tu pareja puede ser tan angustiosa para ti que pruebas todo tipo de estrategias: negar que algo esté mal, perdonar antes de tiempo o avergonzarla por tener sentimientos. "¡Eso no debería molestarte!"

Para relacionarse tantricamente de una manera que respalde una relación de alma gemela, deberás permitir que tu pareja altere su espacio, sin interferencias. Esto puede ser difícil, especialmente si vienes de una infancia desafiante y aún no puedes contar con un amor seguro, pero practicarlo te fortalecerá y a tu pareja. Si tu pareja está inquieta, tiene derecho a sus sentimientos, y debe lidiar con su experiencia interior solo y separado de ti. Aunque admito que puede sentirse amenazante.

Déjame darte un ejemplo. Greg y yo nos detuvimos en la Feria del Condado de Ventura de camino a casa después de un día de paseo y estábamos entrando desde el estacionamiento.

Greg dijo: "Algo me molesto y al instante me puse de mal humor. No quería hablar. Quería estar enojado. Catherine dijo algo como: "Es un lindo día. Me alegro de que estemos aquí".

No sé por qué, pero eso me molestó. Parecía que no había notado que estaba molesto.

"Creo que estaba en el baño portátil cuando recuperé el sentido y me dije a mí mismo: '¿Qué diablos estoy haciendo? Este es un buen día. No quiero estar molesto'. Me recuperé y volví con ella y le dije: 'Vaya, eso no vino al caso. Lo siento'. Ella dijo: 'Está bien. Sabía que volverías'".

Este ejemplo muestra cómo si no puedes tomártelo como algo personal y solo esperas un poco, la otra persona a menudo se controla. Les das su espacio para volver a ser la persona amorosa e independiente que sabes qué son.

Alguien realmente sabio una vez definió una relación exitosa como aquella en la que solo una persona está loca a la vez. Esto significa que de vez en cuando tendrás que ponerte de pie y ser el "cuerdo" porque tu pareja está emocional y no se encuentra en su mejor momento. Te levantas como roca de apoyo para ellos. Si la otra persona está momentáneamente trastornada y sabes que no es por nada que hayas dicho o hecho, puedes darle su espacio, confiando en que volverá a ti más tarde. Es útil saber que otra persona está reservando espacio para que estes enojado y qué estará ahí cuando se te haya pasado.

Elogio, agradecimiento y coqueteo

¿Quién en el mundo ha dicho alguna vez: "Por favor, deja de decir cosas lindas sobre mí. Ya tuve suficiente"? Nadie. ¿A quién no le gusta recibir elogios? En las relaciones, las parejas a menudo se han acostumbrado a señalar lo que está "mal" con la otra persona: lo que no nos gusta y cómo no está a la altura de nuestras expectativas, a menudo se comunica sutilmente disfrazado con: "solo trato de ayudar."

John y Julie Gottman, los psicólogos que conectan a las personas a los electrodos y miden lo que realmente funciona, descubrieron que en las relaciones entre parejas felices, las personas se dicen cinco cosas agradables por cada vez que dicen algún tipo de crítica. Cada vez que dices: "¿Podrías limpiar un poco mejor la cocina después de usarla?" será necesario que haya cinco incidentes de alabanza. ¡Cinco a uno!

Esta es una ecuación matemática que pocos de nosotros usamos, pero es algo que puede comenzar a mejorar tu(s) relación(es) inmediatamente. Recordar conscientemente hacer declaraciones positivas eleva el estado de ánimo de todos. Aquí hay tres pasos de acción para comenzar de inmediato y, lo mejor de todo, ¡son divertidos!

Elogio

Cuando estás ocupado buscando maneras de elogiar a tu pareja, es fácil una vez que lo pones en marcha. Puedes empezar por elogiar su apariencia: "Te ves sexy con esos pantalones". Puedes admirar la manera en que administra las cosas: "La forma en que hablaste con Charlie fue tan poderosa. Me sentí muy orgulloso de ti." Están sus logros en el trabajo, sí se mantienen en forma, y su amabilidad con la gente. Y el siempre apreciado "Te amo; eres increíble." ¿Cuántos más se te ocurren?

Agradecimiento

Agradecer y mostrar aprecio hace que las personas se sientan bien, tanto el que da las gracias como el que las recibe. Ciertamente en el mundo exterior escuchamos que no hacemos mucha diferencia. Pero volver a casa a un nido cálido donde nuestra pareja nos alaba y nos agradece es parte de crear una relación de alma gemela.

Puedes agradecer a tu pareja por estar en tu vida, por estar presente y ser una buena persona. "Gracias por sacar la basura. Realmente lo aprecio." "Gracias por cuidar de nuestra familia". Greg y yo nos agradecemos mutuamente por nuestro ejercicio matutino: "Gracias por dar ese paseo conmigo". Incluso nos damos las gracias después de tener relaciones sexuales: "Gracias. Eso fue tan hermoso." ¿Con qué frecuencia expresas tu gratitud?

Coqueteo

Es posible que hayan tenido habilidades efectivas para coquetear cuando estaban saliendo, pero como la mayoría de las personas, se olvidan de ejercitarlas después de haber estado con alguien por un tiempo. Tal vez pienses que no es tan fácil coquetear cuando han estado juntos en el sofá en sus joggers, intercambiaron aliento por la mañana y tuvieron más de unas cuantas peleas. Ese es un pensamiento convencional y propenso a hacerte culpar a tu pareja de por qué ya no están haciendo el amor.

Si quieres sexo en tu relación, recuerda reconocer la sensualidad de tu pareja. La mejor definición que he oído de coquetear es que le permite a la otra persona saber que ves su atractivo sexual, especialmente si no es con la intensión de tener sexo ahora. Podría darse, siempre es divertido tener la posibilidad en el aire. Pero el simple hecho de reconocer el atractivo de la otra persona de una manera linda o divertida o es sumamente halagador.

Si no vas a elogiar, agradecer y coquetear con tu pareja, ¿quién lo hará? Respuesta: alguien mas, o nadie. Si tu pareja va a recibir suficiente amor en esta vida, ¿no quieres ser tú quien se lo proporcione? Si quieres que sean radiantemente felices y reconozcan que están en la relación de sus sueños. Estas pequeñas acciones son fáciles de hacer y dan grandes resultados.

En caso de duda, tocar

El tacto es de suma importancia para la relación tántrica. Los tantrikas practican recordar continuamente que vivimos en nuestros cuerpos, no solo en nuestras cabezas, y que queremos relacionarnos con nuestro Amado desde una conciencia encarnada, no solo desde nuestras mentes analizando todo. Una mente en modo de análisis completo puede destruir incluso la mejor relación. La comunicación no verbal y el tacto hablan más que las palabras.

Es cierto que tenemos que hacer acuerdos para hablar de todo y continuar la conversación hasta terminar. Sin embargo, a veces te quedas atorado y la discusión desciende en espiral y no sabes cómo detenerla. En estos momentos es bueno tomarse un tiempo y regresar más tarde para terminar. Es bueno que sus cuerpos se conecten por unos momentos, colocando una mano sobre la rodilla o el brazo del otro como una forma de comunicarse sin palabras: "Me preocupo por ti. Sé que estamos teniendo problemas en este momento, pero quiero resolver esto".

Sus cuerpos recordarán su conexión incluso si ustedes no lo hacen. Por un momento, no te perderás en tu cabeza discutiendo, presentando puntos para defender tu caso. Cuando te instales en tu cuerpo y vuelvas a conectarte de una manera amistosa y amorosa, tu ansiedad disminuirá y tu respiración se normalizará. Pon tu mano en su hombro o brazo, y simplemente conéctate. Esto ayudará a que la conversación se desvíe de dos egos peleando a "Oye, somos una pareja. Estamos pasando por esto juntos. Respiremos y dejemos que nuestros cuerpos se comuniquen". Este simple gesto a menudo puede ayudarlos a salir de las situaciones más difíciles.

En el libro *Como mejorar su matrimonio sin hablar de ello*, de la Dra. Patricia Love (New York: Three Rivers Press, 2007). Una vez la escuche hablar, y es bastante carismática y dinámica. El libro no es una lectura esencial, pero ofrece estudios científicos reales que muestran que, a veces, si estás en un lugar difícil en tu relación, si solo te acercas y te re-conectas con la otra persona a través del tacto, la conversación se volverá más fácil. Esta es una información bastante profunda y útil.

Los cuerpos son a menudo más inteligentes que nosotros. Cuando te encuentres en un lugar atorado con tu Amado, tócalo. Cuando quieras expresar afecto, toca. Cuando desees ofrecer apoyo, felicitaciones o noticias difíciles, conéctate mediante un contacto físico suave. Siempre que tengas dudas sobre qué hacer, comparte tu amor a través del regalo del tacto.

Relacionarse románticamente

La cultura convencional ofrece símbolos universales para indicar que estás buscando romance: velas, flores, iluminación tenue, música suave, chocolates, aromas deliciosos, ricos bocadillos de comida prohibida. Todas estas cosas comunican "Quiero relacionarme románticamente", y un amante tántrico hará un uso liberal de ellas.

Como sociedad, estamos de acuerdo en que algunos lugares son más románticos que otros. Solemos imaginarnos paseando juntos por la playa, a menudo al atardecer. Nos imaginamos cafés con poca luz que sirven comida y vino francés. Cada pareja designará otros lugares como románticos según sus historias, pero una cosa en la que todos estamos de acuerdo es que el dormitorio es un lugar privilegiado para el amor, el sexo y el romance. Para relacionarte románticamente, trata de invertir tiempo y energía embelleciendo tu dormitorio. Una vez, cuando estaba hablando de esto en un podcast, el presentador dijo: "Voy a ir a casa y sacar los papeles del trabajo del dormitorio". ¡Es una buena idea! Quieres crear un espacio de ensueño para la intimidad romántica.

La relación romántica también se expresa de manera no verbal a través del tacto lento y sensual. Creas un capullo de seguridad para tu pareja: puedes confiar en mí; No me burlaré de ti. Se acurrucan juntos ofreciendo cuidado y suavidad. La intimidad romántica tiene que ver con "Me encanta tu forma de expresarte; Me encanta tu expresión sexual". Te comunicas a través de tu corazón abierto, a través del tocar amorosamente.

La relación romántica también involucra la sexualidad. Estamos buscando pasión. Queremos sentir cómo se elevan nuestras energías. Cuando pensamos en formas románticas de expresar la sexualidad, la mayoría de las veces es suave y lenta y puede llevar horas. En otros momentos, podemos preferir la lujuria y los rapiditos, pero para el romance queremos mirar a los ojos de nuestro amante y tomarnos nuestro tiempo.

Tendrás que considerar no solo lo que nosotros como cultura acordamos a través de símbolos, signos y gestos románticos. También querrás meditar sobre lo que te pone con ganas. ¿Qué te recuerda que tu relación es especial y única? Recuerda cuando ustedes dos se enamoraron por primera vez, sintieron como si nadie hubiera estado tan enamorado como ustedes. Envuelve esa manta de seda a tu alrededor y compartan recuerdos de esos primeros días. Ayúdense mutuamente a entrar en un espacio de intimidad romántica. Díganse, somos una pareja especial porque somos especiales el uno para el otro. Si quieres tener un sentido de tu propio poder, empieza por crear una intimidad romántica.

El cielo es el límite

Una relación nunca será una mercancía que se agoto si te mantienes vivo y creciendo. Es cierto que la familiaridad puede hacer que las cosas parezcan estancadas, y cualquiera de los dos podría irse a dormir. Cuando vimos ese tipo de relaciones cuando éramos niños o como solteros, el miedo se cernía sobre nosotros al imaginar que podríamos terminar así. Dudo que alguien sueñe con una relación que va cuesta abajo. Entonces haz el compromiso de que vas a crecer, y realmente ve por ello.

Si su relación se mantiene vibrante o no, dependerá de su compromiso de relacionarse entre sí como manifestaciones de lo divino. Depende de aceptar hablar de todo y ser una persona lo suficientemente grande como para escuchar las formas en que has sido desagradable o hiriente. Es un componente esencial de la relación ilustrada mencionar las cosas de inmediato, cuando suceden, y hablar de ellas hasta que estén aclaradas. A medida que continúes creciendo, te volverás cada vez mas sensible al estado de la energía entre tú y tu pareja. Descubrirás que querrás limpiar todo lo actual y lo pasado porque incluso el mas mínimo estar "fuera" se siente insoportable.

Osho dijo que tenemos hasta nuestro último aliento para seguir creciendo y evolucionando. Eso puede ser lo mismo con tu relación, que tu relación continuará evolucionando, volviéndose más amorosa, más amable, más generosa, menos reactiva y menos crítica. También puede volverse más jugosa, más sexy y más viva a medida que envejecemos. Esa puede ser tu realidad si la eliges. Puedes, de la misma manera que te comprometiste con tu propio crecimiento, comprometerte con el crecimiento de tu relación.

Lo que defendemos en este libro es mantener despejado el espacio entre tú y otra persona. A veces, esto significará superar cosas difíciles: tristeza, resentimiento, celos, inseguridad; en el tantra, lo vemos todo como divino. Permitir que surjan los sentimientos y compartirlos de una manera que genere más confianza, hasta que se complete el proceso. Viviendo en nuestros cuerpos y compartiendo nuestro toque sanador. Recordar lo asombroso que es que esta persona haya elegido asociarse con nosotros (por el tiempo que sea) y expresar nuestra gratitud con frecuencia. Vivir estas prácticas se manifestará en hacer el amor donde nada se interponga, la expresión corporal del amor que fluye libremente.

En Citas Tántricas se explican los secretos de por qué no has encontrado el amor y cómo encontrarlo. Parejas Tántricas enseña cómo estar en pareja y crear tu relación de alma gemela perfecta. Este libro, Relaciones Tántricas, trata sobre cómo puedes comunicarte tanto verbalmente como de forma no verbal para mantener encendido el fuego del amor.

Si ambos tienen el deseo de crecer personal y espiritualmente tanto como puedan en esta vida, algún día llegarán al lugar donde descubrirán que han creado la relación íntima de sus sueños. Esto es posible para ti. De todo corazón quiero animarte a que sigas trabajando en tu crecimiento personal y espiritual porque el amor perfecto es posible para ti, el cielo es el límite.

EJERCICIOS DE RELACIONES TÁNTRICAS

EJERCICIO #1: Imaginar a tu amante como el Dios o la Diosa que realmente es

Un ejercicio tántrico que puedes practicar en casa es visualizar a tu amante como el dios o la diosa que realmente es. Eso puede parecer un poco descabellado en el mundo de hoy, ya que los amantes modernos son muy conscientes de lo que está "mal" con su pareja. Constantemente bombardeados con imágenes de cómo se ve, habla, besa y hace el amor el amante perfecto, comparamos y analizamos y encontramos que nuestras parejas no están a la altura. Dado que es difícil para un simple ser humano estar a la altura de estas figuras de fantasía bi-dimensionales, la mayoría de nosotros experimentamos que nuestros amantes (y nosotros mismos) carecemos en el departamento del amor.

Pero, ¿y si no nos enfocáramos en lo que pensamos que está mal, sino en lo que está bien? ¿Y si imagináramos a la persona real debajo de su piel y sus molestos hábitos? ¿Qué sucedería si imagináramos a nuestro Amado en su esencia natural y nos permitiéramos honrar su amor, su vulnerabilidad y sus intentos de convertirse en una mejor persona?

Cuando imaginamos a nuestra pareja en su totalidad perfecta en lugar de fragmentada y defectuosa, se vuelve casi imposible abusar, degradar o deshumanizar a la otra persona. Si son por definición iguales, no podemos cultivar una actitud condescendiente y despectiva. Por que el contrario, los miramos con ternura, claridad y pasión. Al vernos a nosotros mismos como completos y perfectos, nuestra pareja se convierte en un espejo de esa perfección.

Los antiguos budistas tántricos practicaban ver al hombre como un Buda masculino y a la mujer como un Buda femenino y, por lo tanto, hacer el amor se convirtió en dos Budas haciendo el amor. Los amantes practicaron verse el uno al otro cómo energía pura expresándose espontáneamente en un ser encarnado.

Hoy puedes divertirte con estas prácticas. Ciertos dioses y diosas tántricos tienen piel roja o azul que podría ser divertido de imaginar. Algunos textos tántricos describen el cuerpo del amante como translúcido o luminoso como un arco iris. ¡Piensa en lo delicioso que podría ser imaginarlo mientras acaricias la piel de tu amante!

Los tantrikas vieron sus sentimientos de pasión y deseo como algo trascendente, y su atracción mutua como motivada en última instancia por un impulso espiritual hacia el éxtasis. Avanzar en la dirección de una actitud como esta puede ayudar a transformar los mensajes negativos que la mayoría de nosotros recibimos con respecto al sexo. Visualizando a nuestro Amado como divino, es posible aumentar el amor en el mundo y elevar nuestros actos sexuales ordinarios a actos de adoración.

EJERCICIO #2: ¿Quieres decir la verdad?

Puede parecer aterrador o desalentador pasar de un estilo de relación convencional de ser positivo y no hablar de las cosas a una relación tántrica en la que vives honrando la verdad. Está bien estar donde estás en el proceso; es más importante decirte a ti mismo la verdad de que no estás listo. Primero, enumera las cosas que no deseas compartir con nadie: historias de tu pasado, problemas de salud, momentos en los que te equivocaste o sentimientos políticamente incorrectos, como los celos, la inseguridad y la ira.

1.

2.

3.

4.

También pueden haber cosas que no quieras escuchar de tu pareja. Hay un viejo chiste que se relaciona con las diferencias en la forma en que los hombres y las mujeres son socializados: una mujer le pide a su pareja que comparta sus sentimientos, preguntándole una y otra vez hasta que finalmente él dice: "¡Está bien! Te diré cómo me siento: me siento impotente en el trabajo, asustado por el futuro y quiero tener sexo con tu mejor amiga". "¡Eso no!" grita la mujer. "¡No quiero oír hablar de eso!"

¿Qué parte de la verdad de tu pareja te resultaría difícil de escuchar?

1.

2.

3.

4.

EJERCICIO #3:
Hacer acuerdos

La relación tántrica se trata de hacer acuerdos con tu pareja de que ambos quieren vivir en un ambiente de confianza, verdad, respeto y comunicación abierta sobre lo que está sucediendo para cada uno de ustedes. Esto establece reglas básicas completamente nuevas para cualquier relación.

Lo que ofrece el tantra no es lo mismo que la sabiduría convencional de sonreír todo el tiempo y esperar que todo esté bien. Mucha gente que trabaja en sí misma piensa que se trata de ser positivo pase lo que pase y de llevar las cosas a un nivel superior, creando lo que llamamos un desvío espiritual donde las personas no están viviendo su verdad. No están compartiendo si están tristes, celosas o molestas por lo que se acaba de decir porque eso no sería optimista. El resentimiento se acumula y luego se sorprenden cuando la relación comienza a decaer.

Es un gran compromiso llegar a un acuerdo para hablar de todo. Cambiará tu vida. Si no estás listo en este momento, está bien. Solo observa cuáles son tus resultados a medida que continúas en tu camino de crecimiento. Puedes avanzar lentamente hacia una mayor divulgación si eso funciona mejor para ti. Sin embargo, el compromiso al cien por ciento es el lugar donde comienza la magia.

1. ¿Estás listo para hacer un acuerdo para hablar de todo?
2. ¿Cuándo sucede?
3. ¿Hasta que estén de acuerdo y la energía fluya libremente de nuevo?
4. ¿Estás dispuesto a limpiar el pasado? ¿Tanto el tuyo como el de la relación?

EJERCICIO #4:
Limpieza profunda

Para una relación tántrica pura necesitarás hacer una limpieza profunda. Cualquier cosa que todavía te moleste del pasado te impedirá estar presente con lo que realmente está sucediendo. Un ejemplo podría ser si creciste con un padre que siempre te criticaba, imaginas que tu pareja te menosprecia cuando no es así. El maltrato pasado no se ha resuelto y estás viendo a tu pareja a través de los ojos de esa personita que fuiste.

Esta limpieza total se puede realizar en psicoterapia o en cualquiera de los otros procesos mencionados anteriormente. También puedes escribirlo en un diario, crear arte al respecto o unirte a una terapia o grupo de Doce pasos. Muchas personas están dispuestas a ayudar y tienen la habilidad de "limpiar hasta el sótano". Cuanto antes empieces, antes podrás vivir el momento presente en lugar de quedarte atrapado en el pasado.

Algunos lugares en los que todavía estoy atascado son:

1.

2.

3.

4.

Si actualmente estás en una relación, lo más probable es que ustedes dos tengan problemas del pasado sin resolver: discusiones que nunca se resolvieron, conversaciones sobre su vida sexual que deben suceder, diferencias de estilo en los hábitos de finanzas, crianza de los hijos y metas futuras. Todos estos asuntos que deben resolverse les impiden tener una energía clara y fluida entre ustedes dos.

Los problemas pasados que como pareja debemos analizar hasta completarlos son:

1.

2.

3.

4.

EJERCICIO #5:
Sube la barra

Aprendiste sobre la fórmula de Gottman de cinco declaraciones de elogio y gratitud a una crítica. ¿Qué pasaría si tomaras esto como una disciplina diaria para elogiar, agradecer o coquetear con tu pareja cinco veces al día?

Hay un número ilimitado de cosas para **alabar** a tu pareja. Aquí hay algunos para que puedas comenzar: encierra en un círculo los que deseas usar y agrega los tuyos propios.

- Su cuerpo sexy
- Su independencia financiera
- Su buen corazón
- Talentos y habilidades, incluso los más pequeños
- Qué tan competente es
- Buen gusto en música o cine.

- Su inteligencia
- Buenos valores
- Lo responsable que es
- La forma en que contribuye contigo y la familia

No es difícil **agradecer** a tu pareja cuando reconoces su naturaleza divina. Aquí hay algunos elementos para ampliar y compartir:

- Que te presentes a nuestra relación
- Por cuidar tu cuerpo
- Que me aceptes, con verrugas y todo
- Porque recoges tu tiradero
- Que compartas las tareas del hogar
- Por aceptar a mi familia
- Por hacer el amor
- Por ser un ser humano íntegro
- Por dar un paseo conmigo
- Por ser generoso

Atreverte a **coquetear** es muy divertido. ¡Sé creativo!

- Cuando salgas de compras, dales palmaditas en el trasero.

- Dile con frecuencia que tan sexy lo encuentras.
- Míralo a los ojos un poco más, levanta las cejas y sonríe.
- Compra una taza divertida que diga algo así como "El mejor amante del mundo".
- Ordena regalos sorpresa como tangas sexys, especialmente si su cuerpo es inusualmente hermoso.
- Recuérdale los momentos románticos de su pasado compartido.
- Tocar, tocar y más tocar.

EJERCICIO #6: ¿Qué queremos decir con "relaciones espirituales"?

"EQMB" es el principal motivador para muchas personas en sus relaciones. EQMB es un término de marketing para "¿En Qué Me Beneficia?" Nos han enseñado a valorar a las personas por lo bien que se verán a nuestro lado, qué tan cerca están de nuestra fantasía del amante ideal, o por cómo imaginamos que cumplirán nuestros deseos. Se trata de la apariencia de todo, ¿verdad? Excepto que cuando nos enfocamos en el exterior, nadie será lo suficientemente bueno porque todos tienen fallas. Todos. Es por eso que nos encantan los tabloides: podemos ver celebridades aparentemente perfectas con sus defectos colgando.

Una característica de una relación espiritual es que en lugar de enfocarnos en el exterior de la otra persona, nos enfocamos en la perfección interna. Así como todos tenemos partes no tan hermosas en el exterior, todos tenemos un núcleo perfecto en nuestro centro. Cuando queremos que nuestra relación tenga un componente espiritual, intentamos mantener nuestra atención en esta perfección interna, en lugar de concentrarnos en lo que está afuera.

El gran maestro de tantra Osho dijo una vez con respecto a las relaciones: "El otro siempre tiene la razón". Me quedé atónita cuando escuché esto por primera vez. Como la mayoría de las personas, había estado señalando constantemente cuándo yo tenía razón y mi pareja no, todo en nombre de "comunicarme honestamente". En retrospectiva, todo fue una lucha de poder disfrazada.

Discutí con la declaración de Osho en mi mente y luego decidí ver qué podía aprender de ella. Como técnica, la recomiendo ampliamente. No tienes que estar de acuerdo con él para experimentar. Practica interpretar que el otro tiene la razón y tú estas equivocado la próxima vez que haya un desacuerdo. El ego se pasa todo el tiempo demostrando que es superior. Intenta ver lo que sucede desde la perspectiva del amor.

Cuando comienzas esta disciplina de ver lo que está bien en la otra persona en lugar de lo que, según tú, está mal, puede comenzar a ver a tu pareja como tu maestro o gurú. Algunos de los otros atributos de las relaciones espirituales que la gente ha mencionado son dar un gran valor a escuchar, a la integridad, a la apertura emocional, la sensibilidad, a la verdad, tener una actitud de elevar el nivel y tener pasión por aprender y crecer.

Cuando la vida de las personas se dedica a algo más elevado que simplemente satisfacer sus propias necesidades, sus relaciones seguirán su ejemplo. Esto puede mostrarse como una dedicación para hacer del mundo un lugar mejor trabajando por el medio ambiente, ayudando a los niños o dando servicio a alguna causa superior. De esta forma tu relación se dedicará a algo más importante que simplemente tratar de satisfacer sus necesidades, y esto es lo que llamamos una relación espiritual.

Reconocimientos

Gracias a Margaret Drewry Walsh, Sandra Sloss Giedeman, Lilly Penhall, Kimberly Grace, Denise Lebre, Abbe Kantor Jaye y mi sueño hecho realidad, Greg Lawrence.

Gracias al ejemplo inspirador de las siguientes parejas tántricas. Si bien no todas estas personas se identifican como "tántricas", lo que quiero decir con la palabra es que su relación sirve al mundo y que reconocen y viven la dimensión espiritual de las relaciones: Diana y Michael Richardson, Alex y Alison Grey, John y Julie Gottman, Peter Rengel y Donna Spitzer, Tom Kenyon y Judi Sion, Sasha y Anne Shulgin.

Gracias a los muchos maestros y sistemas que enseñan sobre la importancia de Aclarar:

David Schnarch, PhD, Human Awareness Institute, NLP, Osho Multiversity, The Tech y Toltec Shamanic Recapitulation.

Y sobre todo agradecimiento de rodillas a Osho, el gran maestro del tantra.

Trabajos citados

Gottman, John y Gottman, Julie Schwartz, Terapia de pareja con el método Gottman: uniendo el abismo de la pareja, The Gottman Institute, 2012

Love, Patricia y Stosny Steven "Cómo mejorar su matrimonio sin hablar de ello, Nueva York: Three Rivers Press, 2007

Sobre la autora

Catherine Auman, LMFT (Terapeuta Matrimonial y de Familia Licenciada) es psicoterapeuta espiritual y directora de The Transpersonal Center. Tiene una formación avanzada en psicología tradicional, así como en las tradiciones de sabiduría. Catherine vivió durante un año en el ashram de Osho en la India —una inmersión a tiempo completo en Tantra y meditación— y ha estudiado y practicado Tantra, amor, sexo, intimidad y seducción con numerosos maestros.

Vive en Los Ángeles con su esposo, Greg Lawrence, con quien enseña Tantra y cómo mejorar las relaciones.

Conéctate con Catherine Auman

Sitios web:	catherineauman.com
	thetranspersonalcenter.com
Facebook:	catherineauman.author
Instagram:	@catherineauman
YouTube:	catherineauman
Eventbrite:	thetranspersonalcenter
Email:	info@catherineauman.com

Crea y atrae el sexo, amor y romance de tus sueños con *La serie maestra de Tantra*

Imagínate en una relación de alma gemela perfecta llena de sexo, amor y romance. Ábrete al amor y la conciencia.

Estos tres hermosos libros enseñan cómo lograrlo.

- *Citas Tántricas*
- *Parejas Tántricas*
- *Relaciones Tántricas*

Cómpralos ahora en linea o en tu librería favorita

Impreso, Electrónico, o Audiolibro

Obras de Catherine Auman

Libros

La serie maestra de Tantra

Relaciones Tántricas: consejos para relacionarse y encontrar y mantener el sexo, amor y romance

Unión Tántrica: utilizando los secretos tántricos para crear una relación llena de sexo, amor y romance

Citas Tántricas: trayendo amor y conciencia al proceso de las citas

Citas conscientes: Trayendo amor y bondad al proceso de las citas

Guía de L.A. espiritual: lo irreverente, lo elevado y lo verdadero

Camino corto a la consciencia: 100 maneras de crecer personal y espiritualmente

Llena tu práctica administrando atención

Talleres

Tantra: La ciencia de crear tu alma gemela:

Tantra: Las bases del tacto consciente

Secretos Tántricos acerca de la mujer

Secretos Tántricos acerca del hombre

Tantra y los psicodélicos del sexo

MDMA y Terapia de parejas

Grabaciones Audio

Inducción al sentir Tántrico

Profunda relajación

Respiración consiente

www.ingramcontent.com/pod-product-compliance
Lightning Source LLC
Chambersburg PA
CBHW070118080526
44586CB00013B/1331